Network – Marketing
(Empfehlungsmarketing)

Mensch(en)
für
Mensch(en)

Gemeinsam statt einsam

Uwe Arning

Bibliografische Information der Deutschen Nationalbibliothek Die Deutschen Nationalbibliothek verzeichnet diese Publikation in der Deutschen Nationalbiografie; detaillierte bibliografische Daten sind im Internet über http://dnb.d-nb.de abrufbar.

1. Auflage:

Copyright © Uwe Arning, März 2015

Herstellung und Verlag:
Books on Demand GmbH, Norderstedt

Lektorat: Silke Arning,
Umschlagsgestaltung : Silke Arning,
Uwe Arning,

ISBN: 978-3-73476-616-9

Danksagung

Zu Beginn möchte ich Allen danken, die es mir ermöglicht haben dieses Buch zu schreiben.
Hier ist vor allem meine Frau Silke zu nennen, die mich immer wieder neu inspiriert hat, meine Trainerin Dagmar Lautenbach - Dinse,
den Begründern des MET Rainer und Regina Franke, Björn Zillmer, dem PRISMA Gesundheitsstudio, Johanna und Lars Zillmer, meinem Bruder Volker Arning und meiner Tochter Finja sowie meinem Sohn Noah, denen ich mit diesem Buch helfen möchte, in eine glückliche Zukunft zu gehen.

**Wenn Sie in Ihrem Leben
etwas ändern wollen,
dann können nur Sie
selber es tun.**

Ein juristisch notwendiger Hinweis
Das vorliegende Buch ist sorgfältig erarbeitet worden, dennoch erfolgen alle Angaben ohne Gewähr. Dieses Buch informiert über die Möglichkeit, wie Menschen sich ein Reserve Einkommen aufbauen können. Dennoch können und dürfen wir keine Einkommensgarantie aus irgendeinem Network Unternehmen geben, da neben dem Unternehmen, das Sie gewählt haben auch die eigen Leistung zu tragen kommt. Network – Marketing ist kein Schnell mal Reich werden System und distanziert sich von jeglichen Schneeball oder Kettenbriefsystemen.

Inhaltsverzeichnis

Vorwort	7
Was für Ziele und wünsche haben Sie	9
Das Network –Marketing	11
Das Schneeballsystem	17
Richtiges Network-Marketing	19
Worauf sollte ein Anfänger im Network – Marketing achten?	20
Die Entstehung von Glaubenssätzen	21
Die zwei größten Fehler	26
Das Rechenbeispiel	27
Kann Jeder Network-Marketing betreiben?	33
Ihr Vorteil im Network-Marketing	35
6 einfache Schritte zum Erfolg	37
Wen kennen Sie? Wer kennt Sie?	39
Namensliste	41
Adresse / Leserbriefe	44
Bücher	47
Notizen	51

Vorwort

Ich möchte mit diesem Buch helfen, die Vorurteile gegenüber dem Network – Marketing und dem Empfehlungsmarketing aufzulösen. Es ist für Menschen gedacht, die noch nie etwas von Network - Marketing gehört. Aber auch für die Personen, die oft negativ über diese Thema eingestellt sind, weil sie falsch informiert sind. Das Vorliegende Buch gibt erste Einblicke in die die Wirtschaftsform Network – Marketing und geht daher nicht in die Tiefe. Außerdem hat jedes Network Unternehmen unterschiedliche Ausbildungssysteme.

Ich möchte mich zuerst kurz vorstellen. Mein Name ist Uwe Arning und ich bin am 15.11.1969 in Marl (NRW) geboren, bin verheiratet und habe ein Tochter und einen Sohn. Ich bin gelernter Einzelhandelskaufmann und Bürokaufmann. Nach acht Jahren die ich Soldat war, bin ich im Jahr 2000 an einer Halbseitenlähmung erkrankt und habe mich für alternative Heilmethoden geöffnet. Bin wieder gesund geworden. Heute helfe ich als Heilpraktiker für den

Bereich Psychotherapie anderen mit meinen Büchern und gebe mein Wissen weiter.

Durch die vielen Therapien war ich bis auf 35.000 € verschuldet. Heute bin ich schuldenfrei, da ich auch hier eine Möglichkeit gefunden habe, wie sich jeder Mensch ein alternatives Einkommen aufbauen kann, egal welchen Beruf Sie ausüben. Und auch da helfe ich gerne und gebe mein Wissen weiter.

Mittlerweile bin ich wie bereits gesagt gesund, habe mir mit meiner Familie ein Haus gebaut mit unglaublich viel Stress, weil während es Hausbaus die Baufirma mit unserem Geld abgehauen (70.000€). Trotz Anwalt und Fernsehen ist dort nichts mehr zu holen gewesen.

Gott sei Dank, hatten wir jetzt schon das Reserve Einkommen.

Denken Sie nicht nur an Jetzt, sondern auch an die nächsten 10 oder 20 Jahre, ob ein zusätzliches Einkommen, welches Zeit & Geld bringt auch für Sie Sinn macht.

Und nun viel Spaß,
beim lesen und lernen.

Was für Ziele und Wünsche haben Sie?

Bevor Sie jetzt dieses Buch lesen, schauen Sie doch zuerst einmal, was Sie für Ziele und Wünsche haben. Sie können sich die Fragen auch nach dem Lesen des Buches beantworten. Denn das Ziel oder der Wunsch wird Ihr Motor sein:

-- Zusätzliches Einkommen?
-- *Finanzielle Unabhängigkeit?*
-- *Eigenes Geschäft?*
-- *Mehr Freizeit?*
-- *Persönlichkeitsentwicklung?*
-- *Andere unterstützen?*
-- *Neue Menschen kennen lernen?*
-- *Altersvorsorge?*
-- *Mehr Gesundheit?*
-- *Vererbbarkeit des Geschäftes?*
-- *Zeit für die Familie?*

Sie haben noch andere Ziele und Wünsche?

Schreiben Sie Ihre Ziele und Wünsche auf. Die Person, von der Sie dieses Buch haben, wird Ihnen helfen, das zu erreichen.

Das Network-Marketing

Das Network-Marketing ist eine besondere Form des Direktvertriebes, welches für das 21. Jahrhundert die beste Möglichkeit zeigt, Ihr Einkommen selber zu bestimmen. Alle Produkte gelangen direkt vom Hersteller zum Endverbraucher, also direkt zu Ihnen als Kunden. Der Vorteil dieses Geschäftes ist es, dass es hier keine Hierarchien oder kein Konkurrenzdenken gibt. Das Network-Marketing bietet eine gerechte Art der finanziellen Entlohnung. In dieser Branche wird es in Zukunft ein ständiges Wachstum geben. Network-Marketing hat das Ziel, zufriedene Kunden zu haben, damit diese die Produkte auch weiter empfehlen können. Daher sind im Allgemeinen die Produkte auch meistens qualitativ deutlich höher, als im herkömmlichen Einzelhandel. Der Grund ist, dass der Hersteller viel mehr Geld in die Entwicklung seiner Produkte stecken kann. An den folgenden graphischen Darstellungen werden Sie auch genau erkennen, warum der Hersteller dies kann. Die Produkte von Network - Unternehmen finden Sie nicht im Einzelhandel. Der klassische Vertriebsweg ist einfach nicht mehr rentabel und zeitgemäß. Sehen Sie sich nun die nächsten beiden Abbildungen an, damit Sie den Vorteil von Network-Marketing erkennen.

Abbildung 1 (Herkömmlicher Weg)

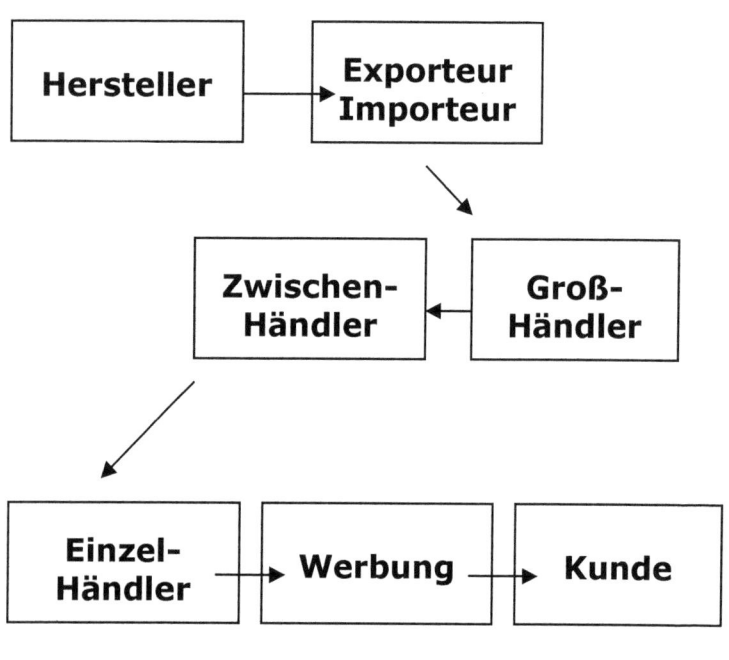

Die Graphik auf der vorherigen Seite zeigt den herkömmlichen Vertriebsweg, welcher natürlich durch die vielen Zwischenstationen sehr teuer geworden ist. Damit der Kunde aber nicht so viel bezahlen muss, bekommt der Hersteller im Durchschnitt nur 10 Prozent von dem Verkaufspreis. Ein weiteres Problem für den Hersteller ist es, dass die Preise oft nur noch von den Groß- bzw. Zwischenhändlern diktiert wird. Nun kommen wir zu dem Vertriebsweg des Network – Marketing.

Abbildung 2 (Network – Marketing)

Hersteller	→	**selbständiger Vertriebspartner und Kunde**

Hier können Sie eindeutig den Vorteil gegenüber dem klassischen Vertriebsweg erkennen.
Es gibt für den Hersteller keine Kosten für Marketing, Werbung, Großhandel, Zwischenhandel und Einzelhandel. Dieses Geld gibt das jeweilige Networkun-

ternehmen an die selbständigen Vertriebspartner weiter. Network-Marketing wird heute umgangssprachlich auch Empfehlungsmarketing genannt. Menschen, die von einem Produkt überzeugt sind, empfehlen es gerne anderen weiter. So entstehen mit der Zeit so genannte Großhandelsnetzwerke, wobei alle Vertriebspartner ein Leben lang Provisionen bekommen. Der Vertrieb im Network-Marketing entsteht also durch die Vernetzung von immer neuen Vertriebspartnern.

Jetzt höre ich viele Menschen schon wieder schreien.

Das ist doch ein SCHNEEBALLSYSTEM.

Dann muss ich Sie glücklicherweise enttäuschen. Dieses beruht, wie vorhin schon kurz angedeutet auf mangelnder Information und einer Reihe von Vorurteilen. Schneeballsysteme sind illegal und nicht erlaubt.

Das hat aber nichts mit Network-Marketing bzw. Multi-Level-Marketing zu tun. Die so genannte Baumstruktur ähnelt zwar einem Schneeballsystem, das ist aber auch alles. Jede Firma hat eine Baumstruktur. Oben fängt alles mit dem Chef an, danach folgen eventuell Prokuristen bzw. Stellvertreter. Im Anschluss folgen zum Beispiel die Angestellten und darunter kommen oft Reinigungskräfte usw.

Im Network-Marketing haben Sie einen Teamführer, dann so eine Art Schlüsselperson. Sie haben Kunden, welche nur die Produkte nutzen sowie Partner, die andere Menschen für dieses Geschäft begeistern können. Was sind denn eigentlich die Hauptaufgaben eines Vertriebspartners?

Die Hauptaufgaben eines selbständigen Vertriebspartners sind:

1. Die Produkte werden selber benutzt, weiterempfohlen und können weiter verkauft werden. (Also kein muss)
2. Es wird die Geschäftsidee weiterempfohlen.
3. Er kümmert sich und coacht Vertriebspartner.

Hieraus ergeben sich zwei Einkommen:

1. Aus dem Verkauf von Produkten.
2. Aus den Provisionen für die Umsätze der Vertriebspartner.

Sie sehen also, dass jeder Vertriebspartner so etwas wie eine kleine Firma ist. Der Vorteil ist jedoch, dass es keinen Druck gibt, keine Angst, kein Mobbing usw. Hier ist es sogar so, dass Sie sich für Ihre Vertriebspartner freuen, wenn diese Sie in Ihrer Stufe aufholen oder sogar überholen. Denn Sie verdienen natürlich weiterhin durch diesen Partner.
So, damit Sie auch das richtige Network-Marketing finden, ist im nächsten Kapitel eine Tabelle, woran Sie ein Schneeballsystem erkennen und was das Network-Marketing ist.

Das Schneeballsystem

Bei einem Schneeballsystem ist der Ausgangspunkt oder die Führung nicht bekannt. Oft gibt es keine Produkte. Sie erhalten nur Geld dafür, dass Sie Menschen in das System bringen. So eine Art von Systemen sind kurzlebig. Wie bereits gesagt, sind diese Systeme verboten. Wenn Sie so etwas mitbekommen, sollten Sie sich gleich an die Presse wenden.

Schneeballsystem	Network-Marketing
Meist kein Produkt oder ein Produkt ohne Nutzen oder Nachfrage, Lizenzgebühr	Produkte mit Nutzen und Nachfrage
Produkte werden von der nächsthöheren Ebene bezogen und von Stufe zu Stufe mit Gewinn weiter verkauft	Produkte werden direkt vom Hersteller bezogen, für alle Ebenen zum gleichen Preis

Provision für das Anwerben neuer Vertriebspartner (Kopfprämie), der Verkauf ist Nebensache	Provision nur für Produktumsatz
Überholen übergeordneter Teilnehmer ist nicht möglich	Überholen übergeordneter Vertriebspartner ist möglich
Hoher finanzieller Einsatz, Vertragsstrafen, Mindestabnahme, teure Kurspakete	Überschaubarer finanzieller Einsatz ohne Risiko. Startpreis maximall um die 100 Euro
Zeitpunkt des Einsteigens ist wichtig, für die Positionierung	Zeitpunkt des Einsteigens ist unwichtig
Kurzlebig	Langfristig
Die Letzten in der Kette gehen in der Regel leer aus	Gleiche Chance wie jeder Vertriebspartner. Alle sind gleichgestellt

Richtiges Network-Marketing

Bei einem richtigen seriösen Network-Marketing schließen Sie direkt mit dem Networkunternehmen einen Vertriebspartnerantrag ab. Dadurch haben Sie die Möglichkeit günstiger einzukaufen und das Geschäft weiterzuempfehlen. Es besteht keine Pflicht, monatlich Produkte zu kaufen. Es wird auf eine Gewerbeanmeldung hingewiesen, denn alles ist beim Finanzamt anzugeben. Es gibt auch keine Verpflichtung neue Partner zu werben. Jeder Vertriebspartner kauft die Produkte, um sie selber zu nutzen und weiter zu verkaufen. Provisionszahlungen erfolgen immer nur direkt vom Networkunternehmen und nicht zwischen den Vertriebspartnern.

Das Wichtigste ist jedoch, dass bei seriösen Network -Firmen immer die Möglichkeit besteht, Produkte zurück zugeben, gegen den Erhalt des Kaufpreises.

Jetzt haben Sie das Wesentliche zum Network-Marketing gelesen. Jetzt kommt ein zentrales Kapitel für jeden Neuling.

Worauf sollte ein Anfänger im Network – Marketing achten?

Jeder der im Network-Marketing neu anfängt, lässt sich gerne von anderen negativ beeinflussen. Sie lassen sich verunsichern oft durch Menschen, die gar keine Erfahrung mit Selbständigkeit und Network-Marketing haben. Sie erzählen einfach dass, was Sie gehört haben, ohne es zu hinterfragen. Jeder wird Ihnen Ratschläge geben wollen, denn wenn Sie das Geschäft jemanden vorstellen, will dieser schon genau wissen, dass es nicht funktioniert. Er weiß es doch besser. Wenn Sie einen neuen Vertriebspartner - Interessenten haben, machen Sie dann einen Termin mit dieser Person und nehmen die Person mit, welche Ihnen das Geschäft empfohlen hat (Diese Person nennt sich SPONSOR).
Dieser Sponsor kennt sich in diesem Geschäft schon aus. Sie würden ja auch keinen Fleischer um Rat fragen, wenn Sie sich einen neuen Fernseher kaufen wollen. Da fragen Sie auch jemanden, der sich mit Fernsehern auskennt.

Die Entstehung von Glaubenssätzen

Viele haben ein Bild davon und glauben zu wissen, was Network – Marketing. Doch ist das, was Sie wissen wirklich war. Ich habe anfangs auch sehr negativ darüber gedacht, weil ich nichts wusste. Dann habe ich mich Informiert und festgestellt, das Network – Marketing und Empfehlungsmarketing bereits an Fachhochschulen und Universitäten als die Wirtschaftsform der Zukunft unterrichtet wird.

Aber wie sind diese vielen falschen negativen Glaubenansätze entstanden die oft im Internet gelesen werden?

Zum einen durch Menschen die nicht bereit waren zu lernen und alles alleine schaffen wollten und natürlich versagt haben. Im Empfehlungsmarketing hat man nur gemeinsam Erfolg.

Ein weiterer wichtiger Faktor ist vor allem der Umgang mit den Menschen, die bisher Ihr Leben geprägt haben und Ihnen oft alte Glaubensmuster übergestülpt haben.

Beantworten Sie sich doch selber einmal die folgenden drei Fragen.

1. Wer waren die drei oder mehr Menschen, die Sie bis zu Ihrem 18. Lebensjahr am stärksten beeinflusst haben (Mutter, Vater, Freunde, Verwandte, Vorbilder, Lehrer, Ausbilder ...)?
Schreiben Sie es auf.

_____
_____
_____
_____

2. Wer beeinflusst Sie heute am stärksten? Wer verbringt mit Ihnen die Zeit (Partner, Freunde ...), beeinflusst Sie am Meisten.

_____
_____
_____
_____

3. Was verbinden diese Menschen mit Network-Marketing oder Geld? Wie sind Sie mit Geld umgegangen? Was für Ratschläge haben sie Ihnen gegeben?

_____
_____
_____
_____

Natürlich haben es die meisten Menschen gut mit ihnen gemeint. Sie konnten Ihren Eltern in den meisten Fällen glauben, wenn sie gesagt haben:

Du sollst es einmal besser haben als wir. Allerdings nicht viel besser, denn Ihr Erfolg wäre ein Beweis des Versagens Ihrer Eltern. Dies geschieht oft unbewusst.
Also eine objektive Realität oder Ansicht gibt es nicht. Spätestens seit Einstein wissen wir, dass der Betrachter seine Realität erschafft Das, was wir sehen, existiert nur so, weil wir es so sehen. Auch mein Buch existiert für Sie nur so, wie Sie es lesen und verstehen wollen. Wenn Sie also wie gesagt, Ihrer Realität selber schaffen, wie viel leichter können Sie dann ihre Glaubenssätze schaffen? Sie haben bereits öfter in Ihrem Leben Ihre Einstellung (Glaubenssätze) geändert. Sie haben sich in

jemanden verliebt und wieder getrennt. Sie haben Kleidungsstücke oder Musik gemocht und später hat es ihnen nicht mehr gefallen. Sie können also Ihren Glauben ändern und sind trotzdem noch Sie selbst. Was auch immer sie glauben, bestimmt Ihre Situation. Ein Glaube entwickelt sich aus Meinungen und Erfahrungen (Erfahrungen, die die Meinung bestätigen).

Hier ist mal ein Beispiel:

Eine Person hat zum Beispiel versucht mit Aktien Erfolg zu haben. Diese Person hat es zwei- bis dreimal versucht und hat dabei aber nicht auf die Regeln geachtet. Natürlich hat er alles verloren und bildet jetzt die Meinung → Er habe Pech mit Aktien.
Jetzt sucht er sich Menschen, die auch schlechte Erfahrungen gemacht haben. Diese Person versucht jetzt seine eigene Meinung, mit anderen Erfahrungen zu bestätigen. Je mehr schlechte Erfahrungen er findet, desto mehr entwickelt sich bei Ihm der Glaube, Aktien sind schlecht. Und so läuft es leider oft mit vielen anderen Glaubenssätzen.

Daher mein Tipp: Wenn Sie in einer Sache keinen Erfolg haben, suchen Sie nicht Menschen mit gleicher Erfahrung, sondern fragen die Menschen, die bereits Erfolg haben. Dann entwickeln Sie einen positiven Glauben und werden Erfolg haben.

Daher ist das folgende Kapitel das wichtigste, um Misserfolg von vornherein zu vermeiden.

Die zwei größten Fehler

Der erste große Fehler ist, wenn Sie auf Ihre Freunde und Bekannten hören, die Ihnen sagen, dass man mit Network-Marketing oder Empfehlungsmarketing kein Geld verdienen kann. Diese Menschen haben leider oft gar keine Ahnung was richtiges Network-Marketing ist. Sie denken und glauben, es trotzdem besser zu wissen.

Der zweite große Fehler ist es, zu früh aufzugeben. Viele wollen gleich das große Geld verdienen. Es ist jedoch so, dass man als neuer Vertriebspartner oder Geschäftspartner im Network-Marketing lernen muss, dass sich das Einkommen im Empfehlungsmarketing zum Anfang oft sehr langsam aufbaut. Es kann sein, dass man in den ersten drei bis vier Monaten vielleicht kein Geld verdient. Es ist wie einen Samen säen. Sie müssen, die noch nicht sichtbare Pflanze trotzdem mit Wasser gießen, damit Sie anfängt zu wachsen. Es liegt auch oft daran, dass Sie bei seriösen Network-Marketing Firmen, die mit Partnergeschäften zusammenarbeiten, eine Punktegutschrift erst nach zwei bis drei Monaten erfolgt, wenn bei einem dieser Partnerfirmen eingekauft wurde. Auch hier haben die Vertriebspartner und Kunden ein Rückgaberecht. Je nach Networkunternehmen wird eine Provision auch nach unterschiedlichen Stufen gezahlt. Daher ist es wichtig zu wissen, dass man Geduld mitbringen muss. Diese Geduld zahlt sich jedoch im Allgemeinen immer aus.

Ich werde Ihnen jetzt ein kurzes Rechenbeispiel geben. Also, wenn Sie einmal bei einem seriösen Network - Marketing angefangen haben, sollten Sie dabei bleiben. Der allergrößte Fehler ist es, wieder aufzuhören. Wieso, das zeige ich Ihnen jetzt an dem versprochenen Rechenbeispiel.

Das Rechenbeispiel

Das nun folgende Rechenbeispiel lässt sich natürlich nicht zu hundert Prozent auf jedes Network-Marketing übertragen, da jede Firma je nach erreichter Stufe unterschiedliche Provisionen auszahlt. Aus diesem Grund nehme ich einen errechneten Durchschnitt.

Sie sind jetzt ein neuer Geschäftspartner eines Network Unternehmens und kaufen für 100 € in Ihrem eigenen Geschäft ein. Sie sind jetzt zwei Monate dabei und haben in der Zeit drei Partner gefunden, die das Gleiche tun. Jeder kauft immer nur in seinem eigenen Geschäft ein.

Nach 2 Monaten:

Sie 100 €		
1. Partner 100 €	2. Partner 100 €	3. Partner 100 €

Wenn Sie nun alles zusammenrechnen, haben Sie ein so genanntes Gruppenvolumen von 400 €.
Hiervon bekommen Sie sagen wir mal 3 Prozent.
Dann würden Sie 12 € erhalten. Da Sie als Vertriebspartner immer günstiger in Ihrem eigenem Geschäft einkaufen, können Sie die Produkte die Sie für 100 € eingekauft haben mit Gewinn weiterverkaufen, wenn Sie wollen. Sagen wir mal 20 Prozent. Das wären also 20 €.

Wenn Sie jetzt die 12 € dazurechen haben Sie also 32 € verdient.

Nun haben Sie selber in den nächsten vier Monaten nicht viel Zeit und finden nur 1 Partner dazu. Die anderen drei Partner haben in den 4 Monaten aber jeweils 3 Partner gefunden, mit denen Sie arbeiten möchten.

Nach 6 Monaten:

Sie kaufen wieder für 100 € ein und Ihre Partner auch			
neuer Partner	1. Partner	2. Partner	3. Partner
	neuer Partner	neuer Partner	neuer Partner
	neuer Partner	neuer Partner	neuer Partner
	neuer Partner	neuer Partner	neuer Partner

Jetzt nach einem halben Jahr haben Sie nun schon ein Gruppenvolumen von 1400 €. Da Ihre Partner gut gearbeitet haben und Sie auch wieder in Ihrem Geschäft eingekauft haben, bekommen Sie jetzt zum Beispiel 5 Prozent. Ihre

Partner verdienen jetzt auch schon und haben dadurch Spaß an der Arbeit.
Diese 5 Prozent sind jetzt 70 € plus die 20 € wieder aus Ihrem eigenen Verkauf, ergibt eine Summe von 90 €.

Ich habe Ihnen bereits gesagt, dass Sie beim Network-Marketing Zeit und Geduld aufbringen sollten.
Denn, wenn Sie jetzt dabei bleiben, dann geht es erst richtig los. Aber sehen Sie selbst.
Sie haben also, nach meinem Beispiel oben, jetzt 13 Partner in Ihrem Team in 6 Monaten. Im nächsten halben Jahr schaffen Sie noch mal das Gleiche und Ihre Partner machen ebenfalls das Gleiche.
Wie sieht es jetzt aus?
Schauen Sie mal, wie Ihr verdienst wächst:

Im ersten ½ Jahr 13 Partner, was etwa 90€ im Monat macht.
Nach 1 Jahr könnte es so aussehen.
Ihre 13 eigenen neuen Partner
sowie 13 Partner aus dem ersten Halbjahr, die das gleiche machen wie Sie.

Ergebnis:
13 X 13 = 169 neue Partner Plus 13 vorhandenen Vertriebspartner aus dem ersten Halbjahr Plus 13 neue von Ihnen aus zweiten Halbjahr.
Das ergibt zusammen 195 Partner und nur, weil alle das Gleiche gemacht haben.

195 Partner X 100 € = 19500 € Gruppenvolumen

Da Sie jetzt in Ihrer Stufe aufgestiegen sind und Ihre Partner natürlich auch verdienen, bekommen Sie zum Beispiel jetzt schon 10 Prozent vom Gruppenvolumen. Nun liegen Sie bei 1950 € plus wieder Ihrem Eigenverkaufsgewinn von 20 €. Jetzt haben Sie nun ein monatliches Einkommen von 1970 € (Brutto). Dieses Einkommen kann natürlich leicht schwanken, weil jeder mal mehr oder weniger einkauft und natürlich jedes Networkunternehmen unterschiedliche Vorgaben hat. Doch wenn Ihr Netzwerk einmal steht, bekommen Sie ein Leben lang diese Provision, welches mit den Jahren ständig wächst. Nach 7 bis 10 Jahren haben viele, die

dabei bleiben, ein Leben lang zwischen 5.000 € und 90.000 € monatlich. Und mehr Ja, Sie haben richtig gelesen 90.000€ und mehr. Bei vielen Network Unternehmen, kann dann dieses bestehende Netzwerk (das Einkommen) an Kinder oder Enkel vererbt werden.
Sie sehen also, wenn Sie dabei bleiben, ist Ihre finanzielle Zukunft gesichert. Auch die Ihrer Kinder und Enkel. Sie brauchen nicht mehr die Angst zu haben, dass Sie mit Ihrer Rente später im Leben nicht auskommen.
Dieses Rechenbeispiel ist, wie ich bereits gesagt habe ein Durchschnittswert. Je nach Networkunternehmen sowie vor Allem durch Ihren eigenen Einsatz, kann so eine Einkommensentwicklung auch zwei bis drei Jahre dauern. Aber es gibt zurzeit keine bessere Zukunftsabsicherung als das Network-Marketing. Wer das mit dem Rechnen nicht verstanden hat, den kann ich beruhigen, das habe ich auch nicht. Wichtig war für mich damals, das Geld rüber kam, um das mal salopp zu sagen.

Kann Jeder Network-Marketing betreiben?

Ja, wenn Sie jetzt also mein Buch soweit gelesen haben, kann es jeder. Sie sollten Network-Marketing am Besten nebenberuflich beginnen. Network-Marketing kann auch unter Umständen vom Arbeitsamt gefördert werden. Ein Hartz IV Empfänger hat laut Auskunft der Arbeitslosenagentur II, kein Anrecht auf eine Förderung (Aktuelle Rechtsprechung). Aber ich kann jedem Menschen, der Hartz IV oder andere Sozialleistungen beziehen muss, dieses Network-Marketing empfehlen, weil hier die Möglichkeit gegeben ist, für immer aus Hartz IV herauszukommen. Ist das für Sie interessant oder wichtig? Für wenn ist das Empfehlungsmarketing den noch etwas? Es gibt keine Begrenzungen. Network-Marketing ist etwas für Selbständige, Fach- und Führungskräfte, Senioren, Rentner, Angestellte und Arbeiter, Frauen und Mütter, Arbeitslose, Ehepaare oder Paare, Studenten und jede Nationalität. Sie brauchen noch nicht einmal einen

Schulabschluss. Doch Schreiben, Lesen und Rechnen sollten Sie schon können. Sind Sie bei der Aufzählung auch dabei gewesen? Wenn ja, worauf warten Sie dann noch. Ich werde Ihnen jetzt gleich einmal die wichtigsten Vorteile zeigen, die Ihnen das Network — Marketing bietet.

Ihr Vorteil im
Network — Marketing

Ich werde Ihnen jetzt eine Auflistung der Vorteile im Network - Marketing zeigen:

- Das Geschäft ist einfach
- Freie Zeiteinteilung
- Keine Abnahmeverpflichtung
- Sie sind Ihr eigener Chef
- Mehr Zeit für die Familie
- Sie können jeder Zeit aufhören, das wäre aber nicht klug
- Sie haben fertige Produkte sowie ein fertiges Konzept
- Kein Lizenzgebühren
- Sie können weltweit arbeiten
- Sie arbeiten viel von zu Hause aus
- Sie brauchen keine Angestellten
- Sie haben keine Lagerkosten
- Sie machen eine Persönlichkeitsentwicklung durch Schulungen und Ihrer Sponsoren
- Sie haben mehr Zeit und mehr Geld
- Sie können das Geschäft vererben

- Geringes Startkapital
- Provisionsabrechnung durch das Networkunternehmen
- Vollzeit und Nebenberuflich ausübbar
- Sehr hohes Einkommen möglich
- Immer wiederkehrendes Einkommen
- Sie werden von einem Team unterstützt
- Es gibt hier keine Wirtschaftskrise
- Qualitativ sehr gute Produkte für Sie und Ihre Kunden
- Sie können gesünder leben

So, es mag vielleicht noch mehr Vorteile geben, doch ich denke die Liste zeigt Punkte auf, die auch Sie interessieren wird.

6 einfache Schritte zum Erfolg

1. Wunsch und Ziel formulieren.

2. Registrieren Sie sich als Partner.

3. Erstellen Sie eine Namensliste und machen Sie Termine.

4. Zeigen Sie Menschen das Geschäftsmodell und die Produkte

5. Kaufen Sie in Ihrem eigenen Geschäft ein

6. Nutzen Sie die von Ihrem Networkunternehmen günstig angebotenen Schulungs- und Trainings-Systeme, sowie das Angebot der IHK.

Die meisten neuen Networker haben ein Problem mit Punkt 3.

Doch jeder Arzt, Einzelhändler oder jede sonstige Firma macht so etwas wie eine Namensliste, um zu sehen ob man sich an einem bestimmten Ort niederlässt. Und wenn Sie mir sagen, Sie kennen keinen, dann glaube ich Ihnen das nicht. Denken Sie daran, dass es jeder machen kann. Schauen Sie selbst, wen kennen Sie? und wer kennt Sie?

Die nun folgende Liste ist sehr lang und jeder wird dadurch jemanden finden, den er kennt. Danach können Sie aber wirklich anfangen.

Wen kennen Sie? Wer kennt Sie?

- Familie / Freunde / Bekannte
- Apotheker / Ärzte /
- Krankenschwester
- Altenpfleger
- Architekten
- Bäcker
- Bankangestellte
- Bootbauer
- Bundeswehr
- Buchhalter
- Bürokaufleute
- Busfahrer
- Cafe - Besitzer
- Call – Center – Agents
- Telefonisten
- Dachdecker
- Einzelhandelsgeschäfte
- Lebensmittel usw.
- Elektriker
- Fitnessclub – Besitzer / Mitarbeiter
- Friseure
- Hausmeister
- Heilpraktiker / Heilpraktikerin
- Hebammen
- IT - Dienstleister

- Immobilienmakler
- Kellner
- Kirchenangestellte
- Lotto
- Tabakwarengeschäftbeschäftigte
- LKW-Fahrer / Spediteure
- Masseur
- Moderator / Redakteur
- Polizisten
- Piloten / Stewardess / Flughafenangestellte
- Politiker / Bürgermeister
- Beamte
- Radio- und Fernsehtechniker
- Reisebürokaufleute
- Rechtsanwälte
- Reinigungskräfte
- Schneider / Reinigung / Schuhmacher
- Schweißer
- Sekretärin
- Steuerberater
- Tankwart
- Tierärzte / Tierpfleger
- Uhrmacher
- Verkäuferin/Verkäufer
- Vermieter
- Werbefachleute / Dekorateure / Maler

- Zahnarzt
- Zeitungsausträger
- Zivildienstleistende

Wie Sie sehen, kann diese Liste fast unendlich fortgesetzt werden. Schreiben Sie sich jeden auf, der Ihnen einfällt. Tragen Sie Namen und Telefonnummer in die Namensliste auf der nächsten Seite ein.

Lfd. Nr.	Name	Telefon	Beruf	Bemerkung

Mit der Hilfe dieser Liste können Sie nun auf jeden Fall mit dem Network – Marketing anfangen. Und noch ein Tipp, den Sie einhalten sollten. Nehmen Sie zu den ersten zehn eigenen Terminen die Person mit, die Sie in das Geschäft gebracht hat. Hören Sie auf Ihren Sponsor, denn dieser kennt sich schon aus.
Zum Schluss möchte ich mich noch für Ihr Interesse bedanken und Folgendes sagen.

Network-Marketing ist eine besondere aber seriöse Form des Empfehlungsmarketing. Es bietet Ihnen die Möglichkeit, für immer finanziell frei zu sein. Immer mehr Menschen sehen die Zukunft im Network-Marketing. Es ist die zurzeit am schnellsten wachsende Wirtschaftform Weltweit. Nutzen Sie also Ihre Chance und kommen mit in das Boot Network-Marketing. Wofür Sie das ganze Geld später verwenden, können Sie sich ja schon einmal überlegen. Ich helfe Ihnen gerne persönlich erfolgreich zu werden in den von mir Unterstützen Unternehmen. Sollte Ihnen das Buch nicht ausreichen. Meine Adresse finden Sie auf der nächsten Seite. Ich/Wir coachen Sie dann im Team solange, bis Sie bei uns erfolgreich sind.

Vielen Dank

Uwe Arning

Setzen Sie sich bitte mit der Person in Verbindung, von der Sie dieses Buch haben. Diese Person hat ein wirkliches Interesse Ihnen zu helfen. Ein Networker (Umgangssprachlich) hilft anderen Menschen. Ein wichtiger Punkt ist. Nicht Menschen bauen das Geschäft auf, sondern das Geschäft baut Menschen auf.

Anrufen

oder

Schreiben

**Uwe Arning
Netzagentur für
nachhaltiges Einkommen
Heidreger Ring 38,
25436 Moorrege
Tel.: 04122-9899554
Handy: 0176-50176278
E-mail: arning_mkt@yahoo.de
Homepage: www.arning-praxis.de**

Leserbriefe aus meinem ersten Network – Marketing Buch

Hallo Herr Arning,

ich möchte mich für das Buch bedanken, welches Sie geschrieben haben. Ich habe es gelesen und bin begeistert über denn Inhalt. Es ist sehr allgemein und doch einleuchtend für jedermann, aber auf den Punkt gebracht. Ich finde es sehr gelungen und wünsche Ihnen weiterhin viel Erfolg mit dem Buch.
Ich werde es aufjedenfall weiterempfehlen.

Liebe Grüße

Thomas Olafson (Flensburg)

Hallo Uwe,

ich habe mir nach Deiner Email Dein neues Buch gekauft. Das hast Du voll super geschrieben. Jetzt weiß ich endlich, was Network-Marketing ist. War anfangs skeptisch, aber Du hast mich eines besseren belehrt. Ich werde Dich in den nächsten Tagen anrufen, damit Du mich registrieren kannst. Am Dienstag komme ich dann auch mit zur Geschäftspräsentation.

Also bis Dienstag

Margit G. (Uetersen)

Sehr geehrter Herr Arning,

man hat mir Ihr Buch empfohlen und ich bin begeistert darüber, dass ich meine Hemmungen in Bezug auf Network-Marketing mit Ihrer Heilmethode auflösen konnte.

Sie wissen gar nicht, wie dankbar ich bin.

Mit freundlichen Grüßen

Jürgen H. (Hamburg)

Kommentare können Sie auch auf meinem Youtube-Kanal ansehen.

ISBN-13: 978-3-839-19172-9

Uwe Arning

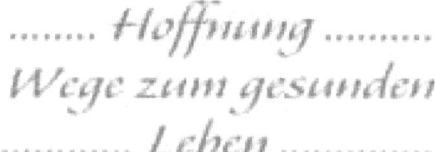
.... Hoffnung ....
Wege zum gesunden
.... Leben ....

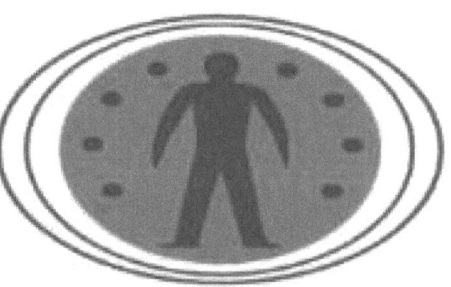

Mit den Meridian Energie Techniken
nach Franke sowie die Kraft und Macht
der t

ISBN: 978-3-837-01521-8

Endlich wieder glücklich und gesund!

Durch die
Meridian – Klopfpunkt – Therapie
mit Aspekten aus Ho´oponopono
und der Sedona-Methode ®

Uwe Arning
Psychotherapeut (HPG)

ISBN: 978-3-8391-1337-0

ISBN-13: 978-3-868-58880-4

Notizen

Notizen